누리 과정에서 쏙쏙
자연탐구 탐구과정 즐기기 – 궁금한 것을 탐구하는 과정에 즐겁게 참여한다.

초등 과정에서 쏙쏙
과학 3-2   1.동물의 생활 – 2.사는 곳에 따른 동물의 생활
과학 4-1   2.지층과 화석 – 2.지층 속 생물의 흔적

감수 및 추천 이명근 박사(미국 존스홉킨스 대학교 교수 역임, 현재 연세대학교 보건대학원 교수)

세계 곳곳의 재난지에 뛰어들어 어린이들은 물론 도움이 필요한 사람들을 구조하며 봉사의 삶을 사는 분입니다. 알아야 더 잘할 수 있다는 믿음으로 연세대학교 보건대학원에 '국제 재난 대응 전문가 과정'을 개설하여 많은 재난 구조 전문가를 양성하고 있습니다. 국제 NGO인 '머시코'(Mercy Corp.)와 UNDP(유엔경제개발계획)에서 활동하기도 했습니다. 지금은 재난 구호의 필요성을 알리고, 아시아와 아프리카의 개발을 위해 '코이카'(KOICA, 한국국제협력단)와 국제 개발 기관인 '글로벌 투게더' 등과 함께 봉사에 앞장서고 있습니다.

글 김민정

대학에서 영어영문학을 공부하였고, 지금은 어린이 책을 편집하는 일을 하고 있습니다. 어린이가 보고 즐거워할 수 있는 책을 만들고자 하는 꿈을 가지고 있으며, 어린이들에게 친근하게 다가가는 책을 만들고자 노력하고 있습니다.

그림 셰리 네이디프

어릴 때부터 동물과 자연을 사랑하였고, 2세 때부터 그림을 그리기 시작하여 대학에서도 일러스트레이션을 공부했습니다. 20여 년간 프리랜서 일러스트레이터로 활동 중이며 주로 '미국국립야생동식물연맹'에서 발표하는 자연과 관련된 그림을 많이 그렸습니다. 작품으로는 〈아기 야생 동물〉, 〈내가 꼬리를 가졌다면〉, 〈가장 좋은 둥지〉, 〈산상수훈〉, 〈제인 구달〉 등이 있습니다.

동물 | 공룡

13. 엄마 공룡을 찾아 주세요

글 김민정 | **그림** 셰리 네이디프
펴낸곳 스마일 북스 | **펴낸이** 이행순 | **제작 상무** 장종남
대표 조주연 | **주소** 서울특별시 종로구 사직로8길 20, 103호
출판등록 제2013 – 000070호 **홈페이지** www.smilebooks.co.kr
전화번호 1588 – 3201 **팩스** (02)747 – 3108
기획·편집 조주연 김민정 김인숙 | **디자인** 김수정 정수하
사진 제공 및 대여 셔터스톡 연합뉴스 프리픽

이 책의 모든 글과 그림 등의 저작권은 스마일 북스에 있습니다.
본사의 허락 없이 이 책에 실린 내용의 일부 또는 전체를 어떤 형태로든지
변조하거나 무단 복제하는 것은 법으로 금지되어 있습니다.

⚠ 책을 집어던지면 다칠 수 있으니 조심하십시오. 잘못 만들어진 책은 바꾸어 드립니다.

엄마 공룡을 찾아 주세요

글 김민정 | 그림 셰리 네이디프

"엄마는 왜 여태 안 오시는 걸까?"
엄마를 기다리다 지친 아기 공룡 용용이는
넓은 초원으로 나가 보기로 했어요.
풀이 가득한 곳에서 엄마 냄새가 났거든요.

공룡은 알을 낳아요
공룡은 알을 낳는 파충류예요. 엄마 공룡은 땅 위에 둥지를 짓고, 그 안에 알을 낳아요. 알의 크기나 생김새는 아주 다양한데, 어떤 공룡의 알은 수박보다 훨씬 더 컸어요.

넓은 초원으로 들어서자,
머리에 뿔이 세 개나 달린 **트리케라톱스** 할아버지가
용용이를 불렀어요.
"얘야! 나무 꼭대기에 달린 저 열매 좀 따 줄 수 있겠니?"
용용이는 빨리 엄마에게 달려가고 싶었지만,
배고픈 트리케라톱스 할아버지를 못 본 체할 순 없었어요.

트리케라톱스
살았던 곳 : 북아메리카
먹이 : 초식
몸길이 : 8미터
몸무게 : 5~10톤

용용이는 엄마 냄새를 따라가며 주위를 살폈어요.
그때 등에 뾰족뾰족 골판이 있는
스테고사우루스 아줌마가 용용이를 불렀어요.
"얘야, 내 등에 박힌 나뭇조각 좀 뽑아 줄 수 있겠니?"
용용이는 빨리 엄마에게 달려가고 싶었지만,
아픈 스테고사우루스 아줌마를 못 본 체할 순 없었어요.

용용이는 엄마 냄새를 따라
헐레벌떡 달리기 시작했어요.
바로 그때 커다란 날개가 달린 *익룡인
프테라노돈 형이 용용이를 불렀어요.
"얘야, 나뭇가지 사이에 낀 내 날개 좀 빼 줄래?"
용용이는 빨리 엄마에게 달려가고 싶었지만,
위험에 처한 프테라노돈 형을 못 본 체할 순 없었어요.

익룡 하늘을 나는 파충류예요.

프테라노돈
살았던 곳 : 북아메리카, 유럽
먹이 : 물고기, 조개
몸길이 : 7~10미터
몸무게 : 15~25킬로그램

엄마 냄새는 점점 더 짙어졌어요.
"분명히 가까이에 엄마가 있어.
엄마! 엄마!"
용용이가 큰 소리로 엄마를 부르자,
덤불 속에서 부스럭거리는 소리가 들렸어요.
"누구지?"

덤불 속에서 나타난 공룡은 단단한 갑옷을 두르고,
꼬리 끝에 거대한 곤봉이 달린 **에우오플로케팔루스** 할머니였어요.
"쯧쯧, 엄마를 찾나 보구나.
네 엄마가 어떻게 생겼는지 말해 보렴."
"우리 엄마는 덩치가 아주 커요.
그리고 목과 꼬리가 아주 길어요."
"아하! 네 엄마는 브라키오사우루스로구나."

에우오플로케팔루스
살았던 곳 : 북아메리카
먹이 : 초식
몸길이 : 6.5미터
몸무게 : 3톤

바로 그때였어요.

갑자기 *초식 공룡들이 우르르 달아나기 시작했어요.

"티라노사우루스가 나타났다. 모두 도망쳐!"

날카로운 이빨을 가진 **티라노사우루스**는 난폭하고 무시무시한 *육식 공룡이었어요.

초식 공룡 풀이나 나뭇잎, 열매를 먹고 사는 공룡이에요.
육식 공룡 다른 동물의 고기를 먹고 사는 공룡이에요.

오우라노사우루스
등 쪽에 돛 모양의 돌기를 가졌어요.

세그노사우루스
두 다리로 걷고, 입은 부리처럼 생겼어요.

레소토사우루스
날카로운 이빨과 튼튼한 뒷다리를 가졌어요.

"멀뚱멀뚱 서 있지 말고, 너도 얼른 뛰어!"
앞다리와 뒷다리의 길이가 거의 같아서
등이 평평한 **카마라사우루스** 누나가 소리쳤어요.
용용이는 카마라사우루스 누나의 뒤를 따라
달아나기 시작했어요.

"아이코!"
허겁지겁 도망치던 용용이가 돌부리에 걸려 넘어졌어요.
쿵! 쿵! 쿵!
티라노사우루스가 뾰족한 이빨을 번쩍이며
용용이에게 가까이 다가왔어요.
용용이는 두 눈을 질끈 감았어요.

티라노사우루스가 용용이를 향해 입을 크게 벌리는 순간,
브라키오사우루스가
앞을 딱 가로막았어요.
"내 아이를 건드리지 마!"

"어, 엄마!"
용용이는 재빨리 엄마의
다리 사이로 피했어요.
티라노사우루스는 물러서지 않았어요.

그런데 갑자기 티라노사우루스가 슬슬 뒷걸음질했어요.
"용용이는 우리를 도와준 고마운 친구다.
이 아이를 건드리면, 가만있지 않겠다!"
용용이에게 도움을 받았던 공룡들이 몰려온 거예요.
그러자 티라노사우루스는 몸을 휙 돌려 달아났답니다.

"우리 아이를 도와주어서 고마워요."
용용이의 엄마인 브라키오사우루스가 말했어요.
"아니에요. 용용이가 먼저 우리를 도와준걸요.
우리를 도와준 용용이를 못 본 척할 순 없지요."
공룡들은 모두 환하게 웃었어요.

그 후로 아주 긴 시간이 흘렀어요.
공룡들은 한 마리도 남지 않고 모두 사라졌어요.
"얘들아, 이게 모두 공룡들의 발자국이란다."
과학자 아저씨가 아이들에게 설명해 주었어요.

공룡들의 발자국을 살펴보던 아이들이
고개를 갸웃했어요.
"공룡들에게 무슨 일이 있었던 걸까요?"
"글쎄다, 우리 과학자들도 그게 궁금하단다."
공룡들은 왜, 어떻게 사라진 걸까요?

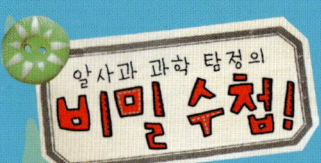

공룡이 나타났다!

공룡은 아주 오래전에 지구에 살았어요. 덩치가 엄청나게 큰 공룡, 풀을 먹는 공룡, 다른 공룡을 잡아먹는 공룡, 날개를 가진 공룡 등 정말 많은 종류의 공룡이 살았답니다.

가장 무서운 공룡, 티라노사우루스

다른 공룡을 잡아먹고 사는 무시무시한 육식 공룡이에요. 큰 도마뱀처럼 생겼는데, 이빨이 날카롭고 아주 난폭해요. 앞다리는 짧아서 거의 사용하지 않고, 강한 뒷다리를 이용해서 빨리 달릴 수 있어요.

가장 큰 공룡, 세이스모사우루스

몸길이가 40~52미터로 아주 길고, 무거운 공룡이에요. 목 길이도 7~8미터나 되지요. 하지만 몸에 비해 머리는 아주 작아요. 긴 목을 이용해서 높은 곳에 달려 있는 식물을 먹어요.

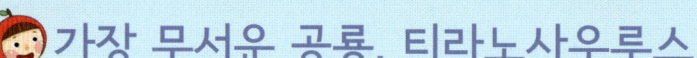

<세이스모사우루스와 사람의 크기 비교>

세이스모사우루스

사람

하늘을 나는 익룡, 프테라노돈

프테라노돈은 행글라이더처럼 바람을
이용해서 하늘을 훨훨 날아다녀요.
이빨은 없지만 물고기를 잘 잡아먹어요.
머리 뒤로 길고 뾰족한 볏이 나 있어요.

바다에 사는 수장룡, 엘라스모사우루스

엘라스모사우루스는 목 길이가 8미터나 되어요.
머리는 아주 작고, 입에는 날카로운 이빨이 있어요.
긴 목을 이용해서 하늘을 날아다니는 익룡을
잡아먹기도 하고, 물고기나 오징어도 먹어요.

가장 빠른 공룡, 드로미케이오미무스

타조와 비슷하게 생겼다고 해서
'타조 공룡'이라고도 불러요.
이 공룡은 아주 가늘고 긴 두 개의
다리로 오늘날의 타조보다 더 빨리
달렸을 거라고 해요.

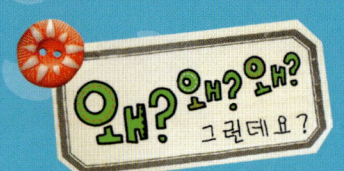

공룡에 대한 요런조런 호기심!

공룡이 박치기를 한다고요?

머리뼈가 아주 두꺼워서 박치기를 잘하는 공룡이 있어. 바로 파키케팔로사우루스야. 머리 생김새도 마치 쇠로 만든 모자인 투구를 쓴 것처럼 보이지? 사람의 머리뼈 두께는 0.5센티미터인데, 이 공룡의 머리뼈 두께는 25센티미터나 된대. 적을 만날 때나 암컷을 차지하기 위해 서로 머리를 '꽉꽉!' 들이받으며 싸웠어.

파키케팔로사우루스는 투구처럼 생긴 머리로 박치기를 잘하는 초식 공룡이에요.

돌멩이를 먹는 공룡도 있나요?

공룡은 먹이에 따라 풀을 먹는 초식 공룡과 고기를 먹는 육식 공룡으로 나눌 수 있어. 덩치가 큰 공룡은 주로 나무의 열매나 풀을 먹고 살았어. 그런데 풀을 먹는 덩치 큰 공룡 중에는 돌을 먹는 공룡도 있었대. 이 돌들은 배 속에 들어간 나뭇잎이나 풀들을 잘게 부수는 역할을 했어. 즉 공룡은 소화를 잘 시키기 위해 돌을 먹었던 거란다.

브라키오사우루스 같은 초식 공룡은 소화를 위해 돌멩이를 먹기도 했어요.

가장 작은 공룡은 뭐예요?

대부분의 공룡은 몸집이 아주 커. 하지만 공룡이 모두 몸집이 큰 건 아니었단다. 콤프소그나투스는 몸길이가 60~100센티미터 정도야. 중국에서 발견된 깃털 달린 육식 공룡인 미크로랍토르는 몸길이가 40~80센티미터로, 다 자란 암탉과 크기가 비슷했어. 미크로랍토르는 네 개의 날개가 있지만, 날 수는 없었어. 두 다리로 걸어 다니고, 나무 위에서 생활했지. 나무에 사는 곤충이나 작은 동물을 먹고 살았단다.

미크로랍토르는 이제껏 발견된 공룡 중에서 가장 작은 육식 공룡이에요. 다 자란 암탉과 비슷한 크기예요.

지금도 공룡이 살아 있나요?

아주 오랜 옛날, 사람이 살기 전에 다양한 공룡이 지구에 살았어. 그런데 우주에서 날아온 커다란 돌이 지구에 떨어져 폭발한 뒤 먼지 구름으로 뒤덮였기 때문에 공룡이 더 이상 살 수 없었다고 해. 하지만 정말 그런 일이 일어났는지는 정확히 알지 못한단다. 오늘날에는 공룡이 살지 않지만, 뼈, 발자국, 공룡알 등의 화석을 통해 공룡이 살았다는 걸 알 수 있어.

미국의 뉴욕에 있는 자연사 박물관에 전시된 트리케라톱스의 뼈대예요.

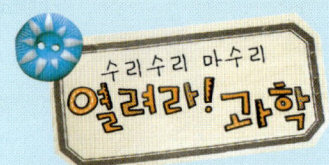

우리나라에도 공룡이 살았어요

아주 오랜 옛날, 경기도와 경상도, 전라도에 공룡이 많이 살았어요.
그곳에서 공룡의 발자국이나 공룡알 화석이 많이 발견되었답니다.

코리아케라톱스는 우리나라에서만 살았던 공룡으로, 경기도 화성에서 발견되었어요.

전라남도 해남에서 발견된 **초식 공룡알** 화석이에요.

천년부경룡은 경상남도 하동 앞바다에서 발굴되었어요. 우리나라에서만 살았던 공룡으로, 우리말로 지은 최초의 공룡 이름이에요.

재미있는 공룡 만들기

공룡 스테고사우루스를 만들어 보아요.

준비물 밀가루 반죽, 밀대, 자, 나뭇잎, 색종이 등

반죽한 밀가루를 밀대나 병으로 밀어요.

밀가루 반죽을 동그란 냄비 뚜껑으로 눌러 원 모양만 남겨 놓아요.

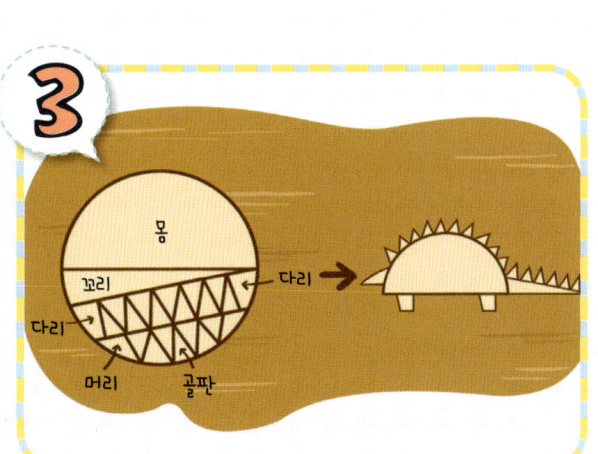

원 모양의 반죽 위에 그림과 같이 자로 꾹꾹 눌러 잘라 낸 다음, 공룡을 만들어요.

나뭇잎이나 색종이로 예쁘게 꾸며 스테고사우루스를 만들어요.

 **엄마, 아빠에게**

아이와 함께 공룡 만들기 활동을 하면서 공룡의 특징에 대해 대화를 나눠 보세요.
(예) 스테고사우루스의 특징 : 등에 뾰족뾰족한 골판이 있다.